I0706640

To:

je t'aime

je t'aime

MY DREAMS

XOXO

Я люблю тебя

you are
my
sunshine

For you

you are
the
best

you are loved

Ti amo

Be Mine

I love
you
to the
moon
and
back

Love

Ich liebe dich

I
love you
more
than all
stars
in the sky

To My Loving
Nana
Happy Valentine's
Day
Coloring
Card

AFGREKI
EU TE AMO
MILUJI TĚ
Ľúbim t'a
Kocham Ciebie
Ti amo
Aishiteru
T'estimo Je t'aime
Te dua VOLIM TE
Te ubesk
I love you
S'agapo
Mi amas vin Bahibak
Ich liebe dich
M'bi fe

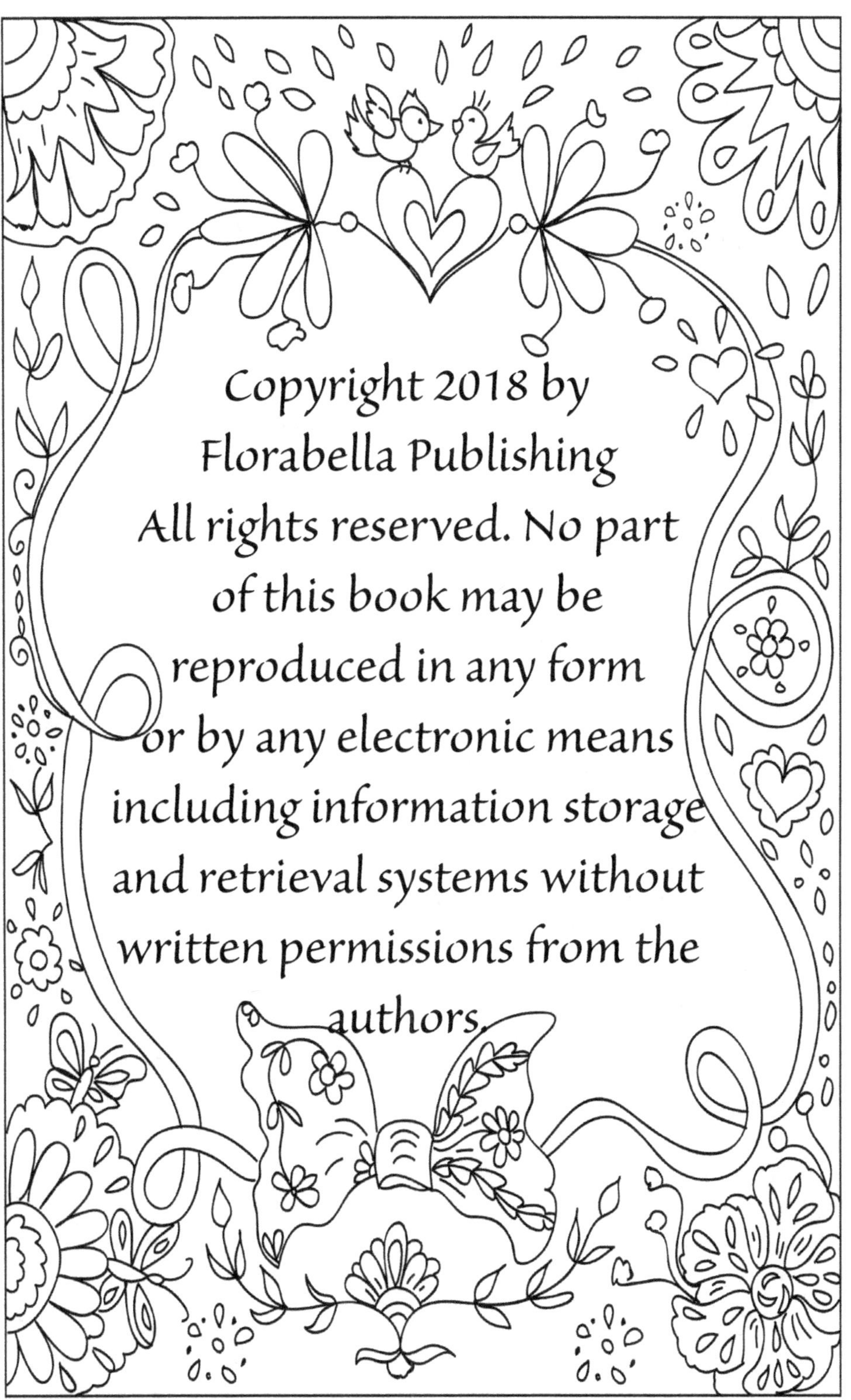

LOVE
From,